BEI GRIN MACHT SICH IHR WISSEN BEZAHLT

- Wir veröffentlichen Ihre Hausarbeit,
  Bachelor- und Masterarbeit

- Ihr eigenes eBook und Buch -
  weltweit in allen wichtigen Shops

- Verdienen Sie an jedem Verkauf

Jetzt bei www.GRIN.com hochladen
und kostenlos publizieren

Bibliografische Information der Deutschen Nationalbibliothek:

Die Deutsche Bibliothek verzeichnet diese Publikation in der Deutschen National-bibliografie; detaillierte bibliografische Daten sind im Internet über http://dnb.d-nb.de/ abrufbar.

Impressum:

Copyright © 2018 GRIN Verlag
Druck und Bindung: Books on Demand GmbH, Norderstedt Germany
ISBN: 9783668886124

Dieses Buch bei GRIN:

https://www.grin.com/document/455642

Ole Vick

Verkaufsmanagement eines EMS-Studios. Die 13 Stufen des Verkaufs

GRIN Verlag

GRIN - Your knowledge has value

Der GRIN Verlag publiziert seit 1998 wissenschaftliche Arbeiten von Studenten, Hochschullehrern und anderen Akademikern als eBook und gedrucktes Buch. Die Verlagswebsite www.grin.com ist die ideale Plattform zur Veröffentlichung von Hausarbeiten, Abschlussarbeiten, wissenschaftlichen Aufsätzen, Dissertationen und Fachbüchern.

Besuchen Sie uns im Internet:

http://www.grin.com/

http://www.facebook.com/grincom

http://www.twitter.com/grin_com

Deutsche Hochschule für

Prävention und Gesundheitsmanagement

Hermann Neuberger Sportschule 3

66123 Saarbrücken

Einsendeaufgabe

Fachmodul:	Verkaufsmanagement
Studiengang:	Fitnessökonomie (BFÖ)
Datum Präsenzphase:	05-02-2018 – 07-02-2018
Name, Vorname:	Vick, Jan-Ole
Studienort:	**Hamburg**
Semester:	**SS2017**

Inhaltsverzeichnis

Klassifizierung / Einordnung des Ausbildungsbetriebs

Tabelle 1: Klassifizierung / Einordnung des Ausbildungsbetriebes (Eigene Darstellung)

Name und Standort (Stadt/Gemeinde) der Anlage	Turnstube (Elektromuskelstimulations-Studio nachfolgend EMS abgekürzt) Hamburg-Iserbrook
	Klassifizierung/Einordnung
Anlagenstruktur:	Gemischtes Studio
Größe der Anlage:	< 300 qm
Preisstruktur der Anlage:	60,00 € bis 89,99 €
Beschreibung der Kernleistungen:	Der Verkauf von Trainings-Mitgliedschaften stellt die Kernleistung des Betriebs dar.

1 Verkaufsorganisation

1.1 Verkaufsprozess im Ausbildungsbetrieb

Der Verkauf von Trainings-Mitgliedschaften stellt die Kernleistung des oben dargestellten Unternehmens dar. Im folgendem wird der Verkaufsprozess einer solchen dargestellt. Es ist hierbei anzumerken, dass die Beratungen durch die Trainer direkt durchgeführt werden und kein einheitlicher Standard existiert. Die Beratungen sind also grundsätzlich unterschiedlich und individuell.

1. Vorbereitung

In der ersten Stufe bereitet sich der Trainer mental und organisatorisch auf das Gespräch vor. Dazu gehört, dass der Eingangsfragebogen vorbereitet wird, der Trainer sich mental auf das kommende Gespräch vorbereitet und alle bereits bekannten Informationen über den Kunden nochmal durchgegangen werden. Bekannte Informationen sind unter anderem der Name, das Alter, sowie die Information wie die Person auf das Studio aufmerksam wurde.

2. Begrüßung

Die Begrüßung erfolgt durch den Trainer. Der Trainer begrüßt den Kunden mit Handschlag, sowie indem er ihn mit Namen anspricht und sich selbst vorstellt. Im Anschluss wird gefragt ob man duzen darf. Der Trainer leitet ein Gespräch durch kurze Fragen (Hast du gut hergefunden o.Ä.) ein. Im Anschluss geht es in die Beratungsecke und durch das Gespräch versucht der Trainer eine persönliche Beziehung aufzubauen.

3. Bedarfsanalyse

Die Anamnese erfolgt mithilfe eines Kontraindikationsbogens, welcher beim EMS-Training sicherstellt, ob ein Training gefahrlos durchgeführt werden kann. In der Bedarfsanalyse probiert der Trainer den Hot-Button des Kunden herauszufinden, damit das anschließende Probetraining möglichst Nutzenorientiert durchgeführt werden kann.

4. Einführung EMS-Training

Im Anschluss an die Bedarfsanalyse gibt es eine kurze Einführung über das EMS-Training. Hierbei geht es um den Ablauf eines Trainings, wie das Training funktioniert und woher es kommt.

5. Probetraining

Als nächste Stufe wird ein Probetraining durchgeführt. Dies hat den Grund, dass sich die meisten Personen nichts unter EMS-Training vorstellen können. Des Weiteren ist immer eine Personaltraining Situation gegeben und hierfür ist essentiell, dass sich Kunde und Trainer verstehen, damit der Kunde das Gefühl bekommt seine Ziele erreichen zu können.

6. Verkaufsgespräch

In dieser Phase wird eine Angebotspräsentation durchgeführt. Hierbei werden auch direkt die Preise mit aufgezeigt. Im Anschluss wird noch einmal die Bereitschaft zum Abschluss abgefragt.

7. Abschluss

Der Abschluss wird vom Trainer durchgeführt, er füllt den Vertrag aus und erklärt dem Kunden den Vertrag sowie die AGB.

8. After-Sales

Der Kunde wird im Studio willkommen geheißen, und ihm werden nochmal ein paar Infos zum Training mitgebeben. Im Anschluss wird direkt mindestens ein erster Trainingstermin vereinbart, in manchen Fällen erfolgt auch dauerhafte Terminierung über die komplette Vertragslaufzeit. Zum Abschluss wird das Neumitglied per Handschlag verabschiedet und ihm die Tür offen gehalten, sowie verabschiedet.

1.2 Vergleich mit den 13 Stufen des Verkaufs

Der Verkaufsprozess des dargestellten Unternehmens, wird nun mit den 13 Stufen des Verkaufs gemäß Van Eckert (2005) verglichen

Tabelle 2: Verkaufsprozess einer Mitgliedschaft der Turnstube im Vergleich zu den 13 Stufen des Verkaufs (Eigene Darstellung)

13 Stufen des Verkaufs	Unternehmensdarstellung
1.Vorbereitung	Keine Abweichungen zur Theorie.
2.Kontaktaufnahme	
3.Aufbau einer persönlichen Beziehung	
4.Bedarfsanalyse	
5.Durchführung der Angebotspräsentation	Die Angebotspräsentation findet im Anschluss an das Probetraining, bei Phase 9 statt.
----	Es wird eine Einführung in das EMS-Training, sowie ein Probetraining in den Verkaufsprozess integriert. Die Angebots-, und Bestätigungsstufe, die Entschluss für Angebotsphase und die Phase des JA für die Mitgliedschaft werden in das Probetraining integriert.
6.Angebots- und Bestätigungsphase	Diese Stufen werden vom Trainer in das Probetraining integriert.
7. Entschluss für Angebot	
8.Preispräsentation für die Mitgliedschaft	Wird mit der Angebotspräsentation zusammen bei Phase 9 durchgeführt.
9.Das JA für die Mitgliedschaft	Wird in das Probetraining integriert.
10.Preispräsentation für das Startpaket	Entfällt, da das Studio kein Startpaket anbietet.
11.Vorabschluss	Keine Abweichung zur Theorie
12.Abschluss der Mitgliedschaft	
13.After-Sale-Phase	

Der maßgebliche Unterschied zwischen der Theorie und dem Verkaufsprozess des dargestellten Studios liegt in der zusätzlichen Durchführung eines Probetrainings. EMS-Training ist sehr vielen nicht bekannt und von daher ist ein Probetraining praktisch unumgänglich. Interessenten können sich unter dem Training nichts vorstellen und werden ohne ein Probetraining keine Mitgliedschaft abschließen. Beim Training kann der Trainer bereits den Nutzen individuell darstellen und das JA für die Mitgliedschaft einleiten. Durch das Nutzenorientierte Training verläuft die spätere Angebotspräsentation angenehmer ab und die Abschlusschance erhöht sich.

1.3 Verkaufsprozessoptimierung

In der Bedarfsanalyse wird lediglich ein Kontraindikationsbogen verwendet, der Krankheitsbilder ausschließen soll. Als eine Unterstützung bei der Bedarfsanalyse wäre ein Fragebogen von Vorteil, der dem Trainer hilft einen roten Faden beim Gespräch zu behalten. In der After-Sales-Phase können über Gutscheine, bzw. Empfehlungen neue Kontaktdaten gesammelt werden. Dies wird im Unternehmen jedoch nicht gemacht, da die Kunden bei dieser speziellen Art des Trainings zumeist ihr Umfeld ohnehin unterrichten und Werbung machen. Des Weiteren gibt es eine dauerhafte Aktion zum Thema „Kunden werben Kunden", wodurch die Mitglieder angehalten werden, Neumitglieder zu werben um kleine Extras zu erhalten.

2 Kundenorientierung

2.1 Konzept der Selbstkonkordanz- Transformation der Modi

Um Kunden im Modell der verschiedenen Modi der Selbstkonkordanz (Sheldon & Elliot, 1999) zur nächsthöheren Stufe zu führen, werden in der folgenden Tabelle drei Strategien aufgezählt.

Tabelle 3: Strategien zum Überführen der verschiedenen Modi der Selbstkonkordanz (Eigene Darstellung)

Überführung der Modi	Strategien und Maßnahmen
Vom externalen in den introjizierten Modus	Kunden muss ein Problembewusstsein geschaffen werden, dass über Fehlverhalten und seine Folgen informiert. In Kooperation mit Krankenkassen, können zu reduzierten Konditionen, Fitnesstests oder Körperzusammensetzungsanalysen durchgeführt werden. Die Auswertungsergebnisse können die Problematik untermauern
Vom introjizierten in den identifizierten Modus	Um das Gefühl von Verlust des abgelegten Verhaltens entgegenzuwirken, müssen Nutzen und Gewinn des neuen Verhaltens hervorgehoben werden. Ziele, und die Mittel zu ihrer Erreichung, sollten möglichst präzise definiert werden, hierzu sind Ziele nach der SMART-Formel (Voss, 2006, S.71) zu formulieren. Ein Personal Training oder ein ganzer Trainingsplan, kann als Mittel zum Erreichen der Ziele genutzt werden.
Vom identifizierten in den intrinsischen Modus	Damit die Motivation hoch bleibt und der Glaube an das Erreichen der Ziele erhöht wird, müssen Erfolge und Fortschritte hervorgehoben werden. Ein erneutes durchführen des Fitnesstests bzw. der Körperzusammensetzungsanalyse kann aufzeigen, welche Fortschritte oder Veränderungen bereits erzielt wurden.

2.2 Kundenbindung

In den ersten 5-12 Wochen nach Abschluss einer Mitgliedschaft ist die Gefahr des Trainingsabbruches am größten. Das hat den Grund, dass das Training noch nicht im Tagesablauf des Neumitglieds integriert ist. Übersteht ein Neumitglied die Phase des sogenannten Motivationsloch, ist die Chance auf einen Abbruch weitaus geringer. Im folgendem werden fünf Strategien aufgezeigt, die helfen ein Motivationsloch zu vermeiden.

Tabelle 4: Maßnahmen zur Vermeidung eines Motivationslochs (Eigene Darstellung)

Maßnahme	Begründung
Termine	Festgehaltene Termine sorgen für eine höhere Verbindlichkeit und lassen sich in den Alltag integrieren. Mögliche Termine wären: Trainingstermine, Kurstraining, Personal-Training, Fitnesstests oder Analysen.
Service-Call	Um zu erfahren ob der Kunde zufrieden ist oder ob es Probleme gibt, kann nach einigen Wochen ein Telefonanruf genutzt werden. Dies kann auch häufiger wiederholt werden. Der Kunde fühlt sich wertgeschätzt und gut aufgehoben.
Workshop zu speziellen Themen (z.b. Ernährung)	Dem Mitglied wird weiteres Wissen mitgegeben, wodurch die Zielerreichung realistischer wird und die Motivation dadurch steigt.
Meilensteine/Belohnungen	Kunden können durch Belohnungen motiviert werden weiterhin regelmäßig zum Training zu kommen. So kann regelmäßiges Training mit einem T-Shirt (25 Trainings), Shaker (35 Trainings), Gutschein (50 Trainings) o.Ä. belohnt werden.
Gutscheine für Freunde	Durch die Möglichkeit mit einem Bekannten zu trainieren, erhöht sich für das Mitglied die Motivation. Gleichzeitig wird es in seiner Entscheidung bestätigt, wenn der Bekannte das Training für Gut befindet.

2.3 Zusatzverkäufe

Das dargestellte Fitnessstudio erzielt aus folgenden drei Produkten / Leistungen Zusatzeinkünfte:

Im Trainingsbereich des Studios, werden Körperzusammensetzungsanalysen angeboten. Dies geschieht vornehmlich um Trainingsfortschritte der Trainierenden aufzuzeigen, oder um dem Trainer bei der Evaluation der derzeitigen Ist-Situation zu helfen.

Im Rezeptionsbereich werden durch den Verleih von Handtüchern und EMS-Trainingskleidung Zusatzeinkünfte erzielt.

Im Thekenbereich werden durch den Verkauf von Proteinshakes Zusatzeinkünfte erzielt.

Nachfolgend werden drei Leistungen / Produkte entwickelt, die dem Unternehmen helfen zusätzliche Einnahmen zu generieren.

Tabelle 5: Mögliche neue Leistungen zur Steigerung von Zusatzverkäufen (Eigene Darstellung)

Produkt/Leistung	Zielgruppe	Verkaufsargumente zur Vermarktung
Faszientraining	Ambitionierte Mitglieder mit Leistungsgedanken	-Durch eine verbesserte Muskelfunktionalität kommt es zu einer erhöhten Leistungsfähigkeit (Thömmes, 2014)
Sportspezifische Ernährungsberatungen	Alle Mitglieder	Um Belastbarkeit und Regeneration zu gewährleisten, ist die Ernährung für Sportler ein wichtiges Bindeglied (Neumann, 2014)
Kleingruppentraining zu spezifischen Themen z.B. Beckenboden (3-4 Personen)	Personen mit bestimmten Beschwerdebildern, die in Kleingruppen trainiert werden sollen. Beispielsweise im Nachgang einer Schwangerschaft	Durch spezifisches Training kommt es zu einer Effizienten Zielerreichung, das trainieren mit gleichgesinnten sorgt zudem für anhaltende Motivation

3   Teams, Motivation & Führung

3.1   Teamentwicklung

Tabelle 6: Handlungsstrategien des Teamleiters in den vier Phasen der Teamentwicklung nach Tuckmann (1965) (Eigene Darstellung)

Phasen der Teament-wicklung	Maßnahmen des Teamleiters
Forming	-Organisation eines Startmeeting, bei welchem das Team einander vorgestellt wird und die Ziele bekanntgegeben werden. -Durchführung von Team-Building Aktionen um den Austausch Teamintern zu erhöhen.
Storming	-Einzelgespräche zum Herausfinden von Problemen, Differenzen oder Präferenzen der einzelnen Teammitglieder. -Lösungsorientiertes Handeln bei Problematischen Aufgabenverteilungen oder Abläufen.
Norming	-Organisation regelmäßiger Team-Meetings zum Austausch und Zusammenführen von Standpunkten der Teammitglieder. -Durchführen von Team-Building Events um die Zusammenarbeit der Teammitglieder weiter zu fördern.
Performing	-Überprüfung des Zielerreichungsprozess zum frühzeitigen erkennen von Abweichungen und zu Korrekturmaßnahmen. -Coaching in einer 1:1 Situation um Potential und Leistungsvermögen der Teammitglieder auszuschöpfen.

In der zweiten Phase des Team-Buildings (Storming) ist der Teamleiter von besonders wichtiger Rolle. In dieser Phase kommt es oft zu Konflikten die sowohl offen, als auch verborgen ausgetragen werden. Der Teamleiter ist gefordert, solche Konflikte zu erkennen und Gegenmaßnahmen einzuleiten um das Konfliktpotential zu neutralisieren. Durch das Beseitigen von Konflikten, können Verhaltensweisen überdacht werden, sowie Teammitglieder ihren Präferenzen und Fähigkeiten entsprechend zu einem leistungsstarken Team zusammengeführt werden.

3.2 Motivation

Gruppenprovisionen bieten den Vorteil, dass die Zusammenarbeit innerhalb eines Teams durch ausbleibende Konkurrenzsituationen gestärkt wird. Jedoch werden Individuelle Leistungen von sogenannten „High-Performern" in einem Team nicht ausreichend gewürdigt. Ausbleibende Leistung von „Low-Performern" wird dabei nicht beachtet, sodass sich Low-Performer hinter Leistungsstarken Mitarbeitern verstecken können. In diesem Zusammenhang werden also High Performer demotiviert und Low-Performer zeigen eine geringere Eigenverantwortung, da ausbleibende Leistung nicht geahndet wird. Einzelprovisionen können zwar Individuelle Leistungen angemessener entlohnen und heben die Eigenverantwortung von allen Mitarbeitern, bergen aber häufig Konflikte durch Konkurrenzkämpfe und daraus resultierende Spannungen, die die Leistungsfähigkeit des Teams behindern können. Eine grundlegende Harmonie innerhalb eines Teams ist für eine effiziente Zusammenarbeit durchaus Wichtig, jedoch spielen die Verkaufszahlen für ein Unternehmen eine tragende Rolle. Die Motivation und Eigenverantwortung eines jeden Mitarbeiters ist für eine Qualitative Arbeitsleistung unerlässlich. Die Gruppenprovision wirkt sich nicht positiv die Eigenverantwortung von Low-Performern aus und demotiviert High-Performer. Sie kann unter diesen Umständen nicht als die beste Möglichkeit angesehen werden.

3.3 Führung

Im Fallbeispiel 1 wird der direktive Führungsstil angesprochen. Die Führungskraft gibt exakte Vorgaben an sein Team, die präzise befolgt werden sollen. Die Arbeit seines Teams wird durch regelmäßige Kontrollgänge überwacht und bei Nichteinhaltung der Vorgaben sanktioniert. Mitarbeiter werden nicht mit Einbezogen und können ihre Ideen nicht einbringen.

Im Fallbeispiel 2 wird der affiliative Führungsstil angesprochen. Das Hauptaugenmerk der Führungskraft liegt auf einer harmonischen Zusammenarbeit im Team. Durch viele Sitzungen werden Teammitglieder angeregt sich selbst einzubringen und ihre Ideen vorzutragen. Jeder Mitarbeiter soll die Möglichkeit haben, sich selbst in seiner Aufgabe frei zu entfalten. Darüber hinaus verbringt das Team auch außerhalb der Arbeit viel Zeit miteinander, was für ein harmonisches Miteinander spricht.

4 EA Controlling

4.1 Kennzahlen im Vertrieb

Im folgendem werden die Quartalszahlen (Januar bis März) zur Telefonquote, Termineinhaltungsquote und der Abschlussquote für jeden Vertriebsmitarbeiter berechnet.

Berechnung der Telefonquote: $\frac{Anzahl\ der\ vereinbarten\ Beratungstermine}{Anzahl\ Interessentenanrufe} x\ 100$

Elisabeth: $\frac{254}{318} x\ 100 = 79,88\%$

Andreas: $\frac{271}{358} x\ 100 = 75,7\%$

Anne: $\frac{237}{561} x\ 100 = 42,46\%$

Berechnung der Termineinhaltungsquote: $\frac{Anzahl\ der\ erschienenen\ Beratungstermine}{Anzahl\ der\ vereinbarten\ Beratungstermine} x\ 100$

Elisabeth: $\frac{180}{254} x\ 100 = 70,87\%$

Andreas: $\frac{235}{271} x\ 100 = 86,72\%$

Anne: $\frac{124}{237} x\ 100 = 52,32\%$

Berechnung der Abschlussquote: $\frac{Anzahl\ der\ abgeschlossenen\ Mitgliedschaften}{Anzahl\ der\ durchgeführten\ Beratungen} x\ 100$

Elisabeth: $\frac{73}{180} x\ 100 = 40,56\%$

Andreas: $\frac{205}{235} x\ 100 = 87,24\%$

Anne: $\frac{107}{124} x\ 100 = 86,30\%$

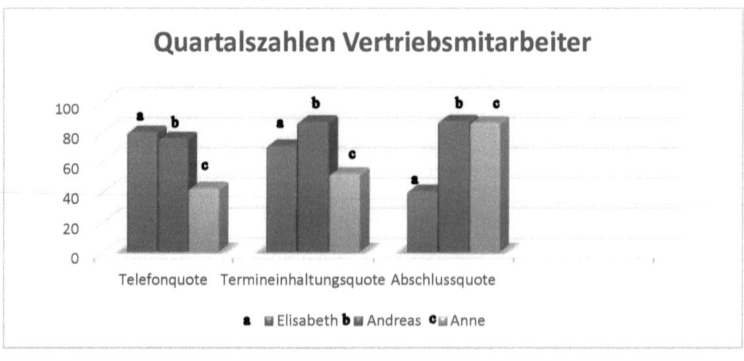

Abbildung 1: Grafische Darstellung der Quartalskennzahlen der Vertriebsmitarbeiter (Eigene Darstellung)

Die Quartalszahlen können größtenteils als gut beurteilt werden. Es fällt auf, dass Andreas als Unternehmens „Benchmark" kontinuierlich solide Werte liefert, während seine Kollegen ihre Stärken und Schwächen haben. Elisabeth schafft es zwar, viele Termine zu vereinbaren und diese erscheinen auch größtenteils, jedoch liegt ihre Abschlussquote weit unter den anderen. Anne schaffte es zwar viele Kontakte über das Telefon zu bekommen, konnte diese jedoch zu wenig zu einem Termin bewegen. Dafür ist ihre Abschlussquote als sehr gut zu beurteilen. Legt man die Werte von Andreas als Ziele für die anderen Vertriebler fest, so ergeben sich zwei Maßnahmen die zu einer Verbesserung des Vertriebs führen.

1 Maßnahme: Elisabeth sollte eine Verkaufsschulung erhalten. Ihre Abschlussquote ist ihre klare Schwäche und bietet somit das meiste Verbesserungspotential.

2 Maßnahme: Anne sollte eine Telefonschulung erhalten. Sie schafft es Kunden die zur Beratung erscheinen mit großer Wahrscheinlichkeit abzuschließen, jedoch muss die Anzahl ihrer Vereinbarten Termine und die Termineinhaltungsquote gesteigert werden um den Vertrieb zu verbessern.

4.2 Fluktuationsquote

Die Fluktuationsquote für das letzte Geschäftsjahr des dargestellten Unternehmens beträgt **21.87%**, was aus folgender Berechnung ersichtlich wird.

$$\text{Berechnung der Fluktuationsquote:} \frac{Anzahl\ der\ Abgänge}{Durchschnittlicher\ Mitgliederbestand} \times 100$$

Mitgliederbestand Beginn Januar	3650
Mitgliederbestand Ende Januar	3753
Total Mitglieder Februar – Dezember	888
Durchschnittlicher Mitgliederbestand	3869
(Mitgliederbestand Beginn Jan + Ende Jan +Feb-Dez / 13)	
Anzahl Kündigungen pro Jahr	846
Fluktuationsquote *(846 / 3869 x 100)*	**21,87%**

Eine Änderung der Fluktuationsquote um 5 Prozentpunkte sorgt für 194 weniger Kündigungen pro Jahr und zieht in dem Zusammenhang einen **Mehrumsatz von 116.400 Euro** nach sich.

Berechnung der Änderung der Fluktuationsquote sowie des Mehrumsatzes:

Anzahl Kündigungen bei 5% Fluktuationsquote (3869 x 0,05)	193,45
Aufrundung	194
Mitgliedschaftsbeitrag für eine Jahresmitgliedschaft in Euro (50x12)	600.00
Total Mehrumsatz in Euro (194 x 600)	**116.400**

5 Literaturverzeichnis

Neumann, G. (2014). *Ernährung im Sport* (8. Aufl.). Aachen: Meyer & Meyer.

Sheldon, K. M. & Elliot, A. J. (1999). Goal striving, need satisfaction, and longitudinal well-being: The self-concordance model. *Journal of Personality and Social Psychology*, 76, 482-497.

Thömmes, F. (2014). *Faszientraining: Physiologische Grundlagen, Trainingsprinzipien, Anwendung um Team- und Ausdauersport sowie Einsatz in Prävention und Rehabilitation* (7. erw. Aufl.). München: Stiebner.

Tuckman, B. (1965). Developmental sequences in small groups. *Psychological Bulletin.* 63. 348-399.

Van Eckert, H. (2005). *Praxishandbuch Vertrieb.* Berlin: Cornelsen.

Voss, R. (2006). BWL kompakt. Grundwissen Betriebswirtschaftslehre (3. Aufl.). Rinteln: Merkur.

6 Abbildungs- und Tabellenverzeichnis

6.1 Abbildungsverzeichnis

6.2 Tabellenverzeichnis